Rudan Mì-bheanailteach is an Cothroman
Intangible Possibilities

Dàin, le Lodaidh MacFhionghain

Poems, by Lewis MacKinnon

CAPE BRETON UNIVERSITY PRESS
SYDNEY, NOVA SCOTIA

Ainmeachadh

Dhan fheadhainn aig a bheil a' léirsinn do chànan is chultar dhaoine mar rudan mì-bheanailteach a tha a' fior-lùib ann am bith-iomadachd agus an anam coitcheann beò na Cruinne-Cé.

Dedication

To those who view a people's language and culture as intangible possibilities intimately intertwined with the bio-diversity and collective soul-life of the planet.

Copyright 2014 Lewis MacKinnon

All rights reserved. No part of this work may be reproduced or used in any form or by any means, electronic or mechanical, including photocopying, recording or any information storage or retrieval system, without the prior written permission of the publisher. Responsibility for the research and the permissions obtained for this publication rests with the authors. Cape Breton University Press recognizes fair dealing uses under the *Copyright Act* (Canada).
CBUP recognizes the support of the Province of Nova Scotia, through Film and Creative Industries Nova Scotia, and the support received for its publishing program from the Canada Council for the Arts Block Grants Program. We are pleased to work in partnership with these bodies to develop and promote our cultural resources.

Dealbh a' Chòmhdaich "Artistic Continuum" (2014) le Cairistìona NicCreamhain, Haileafacs, AN.
Cover illustration "Artistic Continuum" (2014) by Christine Crawford, Halifax, NS.
Cover design: Cathy MacLean Design, Chéticamp, NS.
Layout: Gail Jones, Sydney, NS.
Ceartachaidhean air an dèanadh le Catrìona Parsons.
Proofing by Catrìona Parsons

Library and Archives Canada Cataloguing in Publication

MacKinnon, Lewis, 1970-, author
        Rudan mì-bheanailteach is an cothroman / dàin, le Lodaidh MacFhionghain = Intangible possibilities / poems, by Lewis MacKinnon.

Issued in print and electronic formats.
Parallel text in Scottish Gaelic and English.
ISBN 978-1-77206-004-1 (pbk.).--ISBN 978-1-77206-005-8 (pdf).--ISBN 978-1-77206-006-5 (epub).--ISBN 978-1-77206-007-2 (mobi)

        I. MacKinnon, Lewis, 1970- . Rudan mì-bheanailteach is an cothroman. II. Rudan mì-bheanailteach is an cothroman. English. III. Title. IV. Title: Intangible possibilities.

PS8625.K5556R8313 2014   C891.6'314   C2014-906346-6
                                                        C2014-906347-4

Cape Breton University Press, PO Box 5300, Sydney, NS B1P 6L2, Canada
www.cbupress.ca

Rudan Mì-bheanailteach is an Cothroman
Intangible Possibilities

Dàin, le Lodaidh MacFhionghain

Poems, by Lewis MacKinnon

CAPE BRETON UNIVERSITY PRESS
SYDNEY, NOVA SCOTIA

Facal bho 'n fhear-dheasachaidh

Beagan mu na Dàin

'S ann 's a' Ghàidhlig a chaidh na dàin seo a dhèanadh. Chì a' leughadair an t-eadar-theangachadh do ghach dàn 's a' Bheurla. Ged tha tionndaidhean nan dàn ann 's a' Bheurla, 's fhiach a chomharrachadh anns na h-eadartheangachaidhean fhéin gun deach a h-uile oidhirp a dhèanadh a bhith cho dìleas dhan a' Ghàidhlig 's a b'urrainn gus a' chiall a tha ri 'faighinn 's na tionndaidhean Gàidhlig tùsail a ruigsinn.

Bheir leughadairean agus sgrìobhadairean na Gàidhlig an aire gu luath nach eil dòigh litreachaidh na Gàidhlig ann an Rudan Mì-bheanailteach is an Cothroman a' gabhail gu buileach ris na dòighean-litreachaidh a chìthear an diugh ann an Gàidhlig na h-Albann. Tha na dàin seo air an dèanadh ann an dòigh-sgrìobhaidh na Gàidhlig ris an robh an t-ùghdar cleachdte bho thùs agus a tha air bhith 'na pàirt de mhodh-labhairt na Gàidhlig an Albainn Nuaidh.

A Word from the Editor

A Little about the Poems

These poems were composed (i.e. made) in Gaelic. The reader will see an English translation for each poem. Though translations of the poems are provided in English, it is worth noting, that in the translation, every effort was made to be as faithful as possible to the intended meaning found in the original Gaelic versions.

Readers and writers of Gaelic will quickly be aware that the printed word in Intangible Possibilities varies from formal Scottish Gaelic Orthographic Conventions. These poems are composed using the spelling and punctuation that the author was exposed to and which has been part of the Gaelic literary expression in Nova Scotia for generations.

Clàr-innse ~ Contents

Roi-ràdh - ix -Foreword

Daoine Ar Gaoil - 1 -Beloved

Obair 's an leth a-staigh - 23 - Internal Workings

Tha gach rud ùr a-rithist - 43 - All is new again

Chan eil a' saoghal leinn - 57 - The World Isn't With Us

Na tha do-fhaicsinneach - 69 - The Unseen

Eagal: Am biadh Easbhuidheach - 85
Fear: the Dysfunctional Food

An t-anam: Combaist ann an dorchadas agus solust - 97
The Soul: A Compass In Darkness and Light

Foreword

The language and culture of the Gaels live in our province because Gaels do and vice versa.

Gaels in Nova Scotia have an inalienable right to their language and culture and Gaels should be rightly proud of these and work to share these with others in Nova Scotia and visitors.

Language and culture represent the ethnic identity of Gaels: those things which make them unique as a people.

Without compromising this identity, opportunities frequently emerge to see things from other people's perspective that aren't directly involved in the work of language and cultural renewal or who are newly come to the conversation. Seeking greater understanding is a great starting point for renewal and growth.

When it comes to progress pertaining to Gaelic language and culture in the province, it seems the wheel has come around a bit. It is an encouraging time in many ways for Gaels and supporters of Gaels in our province.

With empowered love and compassion as the foundation, this progress can spread, sustaining, enlightening and assisting us all.

The Basket Story

As told by the late John O'Donahue

There was an African farmer who had milk cows. And they were good cows and they gave an excellent supply of milk.

And he started noticing that their milk was decreasing. So, he stayed up this one night and he kept watch to see who was stealing milk from his cows. And the next thing, above the cows, he saw the stars. But then one star grew brighter and larger and it came down to the earth in a column of light.

And this beautiful woman stepped out of the column. And he said to her, "Is it you that was stealing milk from my cows?" She said, "My sisters and I love the milk from your cows and we have been taking it". He said, "You are very beautiful. Would you marry me? I will be good to you and you won't have to

Roi-ràdh

Tha cànan agus cultar nan Gàidheal beò 's a' mhór-roinn againn a chionn 's gu bheil na Gàidheil beò is an caochladh.

Is fhìor-chòir dha na Gàidheil ann an Albainn Nuaidh dhan chànan agus chultar aca. A bhith bòsdal asta is a bhith a' fiachainn ri an compàirteachadh le feadhainn eile ann an Albainn Nuaidh is le luchd-turais.

'S ann an cànan agus cultar riochdairean de dhearbh-aithne chinneachail nan Gàidheal. Na rudan ud a bhios 'gan dèanadh àraid mar dhaoine.

Gun a bhith a' co-rèiteachadh dearbh-aithne, thig cothroman an uachdar gu tric gus lèirsinn nan daoine nach eil a' sàs ann obair do dh'ath-bheothachadh cànain agus cultair no a tha air ùr-thighinn dhan chòmhradh 'fhaicinn. 'S ann a bhith a' sireadh tuilleadh tuigse 'na dheagh thoiseach tòiseachaidh do dh'ùrachadh is do dh'fhàs.

Tha e coltach gu bheil a' chuibhle a thaobh adhartas a bhuineas do chànan agus cultar nan Gàidheal air tighinn air adhart beagan. 'S e àm misneachail a th'ann an iomadach dòigh do Ghàidheil is caraidean dha na Gàidheil 's a' mhór-roinn againn.

Le gaol-cumhdachaidh is co-thruacantas aig a' bhonn dh'fhaodadh an t-adhartas seo 'sgaoileadh, 'gur biadhadh is soillseachadh is cuideachadh uile.

Naidheachd na Basgaid

Mar a chaidh 'aithris le Seán Ó Donnchadha nach maireann

Bha tuathanach Afraigeanach ann aig a' robh crodh-bainne. Agus 's e crodh math' a bh'unnta is bhiodh 'ad a' toirt uiread air leth de bhainne. Agus thòisich e le bhith a' toirt an aire gu robh am bainn' aca air lùghdachadh. Mar sin, dh'fhuirich e air a chois oidhche bha seo agus chum e an aire airson a bhith a' faicinn có bha a' goid a' bhainn' o'n chrodh aige. Agus an ath rud, os cionn a' chruidh, chunnaic e na reultan ach an uair sin dh'fhàs ao' reul na bu shoilleire is na bu mhotha agus thàinig e sìos chon na talmhainne ann an gath de sholast.

care for the cows all the time". She looked at him and she said, "On one condition". "What's the condition?" he said. "I have a basket with me and I will marry you if you promise to never look in the basket". He did this and they were together and they were married for a while and everything was happy.

And one day she was out tending the fields and he noticed that the basket was in a corner of the house. And he said to himself, "God but what is in that basket anyway?" And then he said, "Well, she is my wife and it could be thought that it is my basket". And he said, "It is in my house after all". And the next thing, he went to the corner and he opened the basket.

And when he opened the basket, he started dancing around and laughing and shouting at the top of his voice, "There's nothing in the basket, there's nothing in the basket, there's absolutely nothing in the basket!" She was down in the fields and she heard the commotion. She came up to the house. She walked in and she said, "You opened the basket".

And he was laughing and dancing and shouting, "There's nothing, absolutely nothing in the basket!" She said, "I have to go now". He said to her, "Please don't leave me". She said, "I have to go because it is spirit that I brought with me in the basket. But it is so much like humans to think spirit is nothing." And she was gone.

Agus cheumnaich am boireannach briagha a bha seo a-mach ás a' ghath. Agus thuirt esan rithe "An e tus' a bha a' goid a' bhainne o'n chrodh agam?" Thuirt i, "Tha gaol agam-s' agus aig mo pheathraichean air bainn' a' chruidh agad agus tha sinn air a bhith 'ga thoirt leinn". Thuirt e, "Tha thu air leth briagha. Am pòsadh tu mi? Bidh mi math dhut is cha bhi agad ri bhith a' toirt an air' air a' chrodh fad na h-ùineadh." Choimhead i air is thuirt i ris, "Air a' chumha seo". "Gu dé a' chumha?" thuirt e. "Tha basgaid leam agus pòsaidh mi thu ma gheallas tu gun a bhith a' coimhead anns a' bhascaid gu bràth". Rinn e seo is bha 'ad còmhla is bha 'ad pòsta fad greis is bha 'ad a h-uile rud glé mhath.

Agus o' là bha i 'mach a' cumail an air' air na pàircean agus thug e an aire gu robh a' bhascaid ann an oiseann an taighe. Agus thuirt e ris fhéin, "A Dhia ach gu dé a th'anns a' bhasgaid a tha sin co-dhiubh?" Agus "gur e mo bhasgaid a th'innte". Agus thuirt e, "'S ann 's an taigh agam-as a tha i as deaghaidh a h-uile rud". Agus an ath rud, chaidh e a dh'ionnsaidh an oisinn agus dh'fhosgail e a' bhasgaid.

Agus nuair a dh'fhosgail e a' bhasgaid, thòisich e a' dannsadh mun cuairt is e 'gàireachdainn agus ag éibheachd àrd a chlaiginn, "Chan eil sìon anns a' bhasgaid, chan eil sìon anns a' bhasgaid, chan eil sìon idir idir idir anns a' bhasgaid!" Bha i shìos anns na pàircean is chuala i an ùpraid. Thàinig i a-nuas a dh'ionnsaidh an taighe. Choisich i 'staigh is thuirt i, "Dh'fhosgail thu a' bhasgaid".

Agus bha esan a' gàireachdainn is a' dannsadh is ag éibheachd, "Chan eil sìon, chan eil sìon idir idir idir anns a' bhasgaid!" Thuirt i, "Feumaidh mi falbh a-nist". Thuirt e rithe, "Na bi 'dol bhuam idir." Thuirt i, "Feumaidh mi falbh a chionn 's gur e spiorad a thug mi leam a bh' anns a' bhasgaid. Ach is fhìor nàdur do mhac an duine a bhith a' smaoineachadh nach eil sìon ann a' spiorad." Is dh'fhalbh i.

Daoine ar Gaoil

Beloved

Lament for Alistair MacLeod

There is a glass of red wine
there
on the bar
between two men
"The bàrd is worthy of a drink" you said.
Amidst this trinity
Literature on the right
Poetry on the left
And the spirit in the middle
That world gathered
As it was

When the tears came
with the telling of your father's story
of return to the old source,
Two hearts came to agreement
from the same heritage
across the generations;

And this gathering mouth melted
any difference
that there was and
deep respect and friendship remained

And today,
The day after your death
the trace of your excellent presence
still so clear
to mind
And that holy cup
gushing its
creative juices
mixing with the infinitude
of your profound soul,

Watering an eternity
of seasons.

Cumha do dh'Alasdair MacLeòid

Tha gloine de dh'fhìon dearg
Ann
Air a' bhàr
Eadar dà fhear
"Tha am bàrd airidh air deoch", thuirt thu.
A-measg na trianaid a tha seo
Litreachas air an taobh cheart
Bàrdachd air an taobh chèarr
Is a' spiorad 's a' mheadhan
Chruinnich a' saoghal sin
Mar a bha

Nuair a thàinig na deòirean
Le innseadh naidheachd d'athar
Is e 'tilleadh dhan t-seann tobar,
Dh'aontaich dà chridhe
ás an aon dualchas
thar ghinealaichean;

Is leagh am bial-cruinneachaidh seo
diofar sam bith
a bh'ann is
dh'fhan fìor mheas is chàirdeas

Is an diugh
là as deaghaidh do bhàis
fiamh do làthaireachd eireachdail
fhathast cho soilleir
air m'inntinn
is an cupa naomh sin
'na stealladh a shùgh cruthachail
a' measgachadh le sìorraidheachd
d'anam dhomhainn

Ag uisgeachadh
bith-bhuanachd nan ràithean.

For Ken Nilsen, My Mentor

"I have to go now, little hero"
You whisper in my ear,
"I am tired…I've had my fill…
It is time…"

And while the true sadness of your departure
Strikes our heart on this Friday
With the weightiness of your loss
I know that you had to go away
You needn't suffer more, oh great hero;

But as I reflect on the legacy
You gave to us,
I am a little lost in doubt,
Admitting that I am not capable
Denying that I am ready for the remainder of the journey
Without you;

Oh, how I learned from you,
From your speech, knowledge, way, approach
How you dealt with our treasured elders
My father and granduncle amongst them;

With kindness, gentleness, respect
You contributed to the building of the road
Where the Gaels of Nova Scotia could again believe
In the merit of their language and culture

By your own kind hands
You made the little brittle flower of our people grow
And your impact
The soul fuel for generations

Do Choinneach Nilsen, M'Oide

Tha agam ri falbh a-nist, a laochain,
Tha thu 'cagarsaich 'nam chluais
"Sgìths orm a-nist...fhuair mi mo leòr dheth
'S e an t-àm a th'ann..."

Is fhad 's a tha fìor bhròn d'fhàgail
a' bualadh ur cridh' an Di-haoine seo
Le truime do challa,
Tha fhios'm gu robh agad ri falbh
Cha ruig thu leas fulaing tuilleadh, a shàr-laoich;

Ach mar a bhios mi 'meamhrachadh air an dìleab
A thug thu dhuinn,
Tha mi 'dol beagan air chall
Ann an teagamh
Ag aideachadh nach eil mi comasach
A' cur ás àicheadh gu bheil mi deiseil airson còrr dhen
   sgrìob
Ás d'aonais;

O, mar a dh'ionnsaich mi bhuat;
Bho do chainnt, fhios, dhòigh, mhodh
Mar a dhéilig thu ri ar seann daoine prìseil,
M'athair is bràthair mo sheanmhar 'nam measg
Le meas, suairceas, gasdachd,
Chuir thu ri togail a' rathaid
Far a b'urrainn Gàidheil na h-Albann Nuaidh' a chreidsinn
a-rithist
Ann an luach an cànain is an cultair

Le do làmhan caoimhneil fhéin
Thug thu air flùr beag brisg ar muinntir fàs
Is a' bhuaidh a th'agad
Connadh anam' airson ghinealaichean;

At last I understand
As I see your broad wondrous smile
As you pour a good glass of wine and enjoy
Your favourite meal
Over yonder on the other side

Talking and telling stories and making merry
In every Celtic language
Through nights that have no end

Laughing and looking at me
Where I hear your voice saying
"Don't worry,
You'll all be just fine, boy,
Didn't you know that I had to go away
So that you would understand
That it is now your time to shoulder
The flag that much higher still?"

Mu dheireadh thall tha mi 'tuigsinn
Fhad 's a tha mi 'faicinn do ghàire leathainn mhìorbhailich
Is tu 'dòirteadh gloine fhìon mhath' is a 'gabhail a' bhìdh'
As fhèarr leat

Thall thairis air an taobh eile
A' seanchas is a' gabhail naidheachdan is ri horo gheallaidh
Anns na teangannan Ceilteach uile
'Ro oidhcheannan gun stad;

A' gàireachdainn is a' coimhead orm
Far an cluinn mi do ghuth ag ràdhainn
"Na biodh fo chùram
Bidh sibh-se dìreach taght', 'ille,
Nach robh fhios agad gu robh agam ri falbh
Los gum biodh sibhse 'tuigsinn
Gur e a-nist an t-àm agaibh-se
A' bhratach a ghiùlan nas àirde fhathast?"

Birthing Artists: For Seumas Heaney

You are like Brigit
Wet nurse to Jesus
Who assisted Mary
At the birth of the Archetypal Human;

With kind hands and compassionate heart
Similar to that nurse maid of the holy child
You served via the creation of your own literature
While the virgin bore the word;

The word
Upon which you focused in your poetry
The same as Mary's wetnurse's fosterling
The essential things –
The kingdom of heaven;

In your self-deprecating humour
You and Mary of the Gaels must have been
Similar
It's highly likely Brigit quietly murmured to herself
"Good God of the graces, I could use a tub of hot water
    for this here little tiker!"

Like Brigit and her cloak of place
That was spread out over acres and acres
As a response to a doubting king
Your essential words that pertain to loss, love, complexity
    amidst strife,
Identity, rural landscape and more
Were disseminated across boundaries of beliefs;

Throughout the world they went –
Falling gently in open crevices
Where they may

Luchd-ealain na breithe: Do Sheumas Ó hEighnigh

Tha thus' coltach ri Brìghd'
Muime-chìche do dh'Ìosa
A chuidich Moire aig
Àm breith an Duine 'na Chiad-thùs;

Le làmhan còire is co-thruas 'nad chridhe
Coltach ri banaltrum a' phàisde naoimh
Fhrithealaich thu 'ro chruthachadh do chuid litreachais
Fhad 's a rug an òigh a' facal;

Am briathar air a' robh thu a-mach 'nad bhàrdachd
An t-aon fhacal air a' robh daltan bean-chìche Màiri
Na rudan riantanach
Rìoghachd an néimh;

'Nad àbhachd fhéin-ghuidhe
Feumaidh 's gu robh thu fhéin is Moire nan Gàidheal
Ionnan –
'S ro choltach gun do ghearain Brìghde gu ciùin rithe fhéin
"A Dhia nan gràsan, ach nach biodh tuba de dh'uisge
    teth agus leabaidh ghlan thioram 'na chuideachadh dhan
    chnapach bheag a tha seo!"

Mar Bhrìghd' is cleoc an àit' a th'aice
A chaidh a shìneadh a-mach thar acairean is acairean
Mar fhreagairt do rìgh teagmhach
Chaidh d'fhaclan brigheil a bhuin do chall, ghaol, fhillte an
    deis-meadhan na strì,
Dhearbh-aithne, chruth-tìre dùthchail
Is còrr a sgaoileadh

Thar chrìochan de chreideamhan;

Feadh an t-saoghail a chaidh 'ad –
A' tuiteam gu socair ann am bèarnan fosgailte
Far am faod 'ad.

The Death of a Piper: For Ivan MacDonald

Messages are sent
From brain to mouth
From mouth
To fingers
From fingers
To feet
Beating out a people's music
In rhythm;

The time of day makes no difference;

When the death of a piper comes
Who has kindness and fineness as his core
The bag deflates
The reeds squeal;

The silence remains like the perpetual drone of the pipe,
And the sadness.

Bàs a' Phìobaire: Do dh'Ivan Dòmhnallach

Théid teachdaireachdan a chur
Bho eanachainn gu bial
Bho bhial
Gu corragan
Bho chorragan
Gu casan
A' bualadh a-mach ceòl dhaoine
Ann a' ruithim;

Cha dèan àm a' là diofar

Nuair a thig bàs air pìobaire
Ealanta aig a bheil coibhneas is gasdachd 'na bhun

Traoghaidh am poca
Sgiamhaidh na ribheidean;

Fanaidh an tosd coltach ri dos bith-bhuan na pìoba
Is fuirgidh an tùirse.

The Sun's Warmth Grows: For Rita MacNeil

You walk toward the sun now...

Nervousness and fear,
Bad memories of childhood,
Struggle
No more...

With your melodic voice,
With your deep heart's love,
With your innocence,
With your accepting of all smile,
With your unbridled spirit
That lifts all who are low;

Indeed
The sun's warmth
Grows now
On account of your pure presence.

Fàsaidh Blàths na Gréine : Do Rita NicNéill

Coisichidh tu a dh'ionnsaidh na gréine a-nist...

Chan eil iomagain is eagal no
Droch chuimhne na leanabachd no
Strì ann tuilleadh...

Le do ghuth binn
Le gaol domhainn do chridhe
Le do neo-chiontachd
Le do ghàire a ghabhas ri
Gach duine
Le do spiorad gun srian a thogas na h-uileadh
A tha ìseal;

Ann an dà rìribh,
Fàsaidh blàths na gréine a-nist
Air sàilleabh do fhìor-làthaireachd.

For Seumas Heaney

Your poetry is for every age;

What chieftain wouldn't grow
A fat head
If you were present
In his great hall
Praising and honouring him?

Would not the extension of the red hand of the Great O'Neil
Be stronger all together
If you stood beside the armies of the Gaels
Inciting and coaxing
With your wise words
Which make an appropriate description for each situation?

How the presidents of great powerful countries
Use your poems in the name of peace
As you observe two angry youth
In the same cell
Ready to annihilate one another
Without ever asking the question 'Is it true?'

After the final recitations and interviews and documentaries
There is a silence
Besides the roles: rhymer, inciter, peacemaker and those
That pertain to domesticity and livelihood
You remain like a great watchful creator,
You take us in to essential things through utterances

That come through your squat digging pen.

Do Sheumas Ó hEighnigh

Freagraidh do bhàrdachd ri gach linn;

Có an ceann-cinnidh nach fhàsadh
Mór 'na cheann
Nam biodh tu a' làthair
'S an talla mhór aige
'Ga mholadh is a' cur urram air?

Nach biodh sìneadh làmh dhearg an Ó Néill Mhóir
Na bu làidire gu léir
Na' robh thusa ri taobh airm nan Gàidheal
A' brosnachadh is a' coiteachadh
Le d'fhaclan glioc
A dhèanadh tuairsgeul fhreagarrach dhan t-suidheachadh?

Mar a chuireas ceannardan dùthchannan móra làidire
Do dhàin gu feum ann an ainm sìthe
Is tusa air dithist òigear a thoirt fosnear
Anns an aon chill
Deiseil gus sgrios a chur air a chéile
Gun a bhith a' foighneachd na ceist, 'An e rud fìor a th'ann?'

As deaghaidh nan aithrisean is agallamhan is aithriseachdan mu dheireadh
Tha sàmhachair ann
a-mach bho na dreuchdan: duanaire, spreigear, réitear is an fheadhainn
a bhuineas do thaigh agus theachd-an-tìre
Fanaidh tu mar chruthadair aireil mór
A thug sinn a-staigh leat do rudan riantanach 'ro labhairtean

A thig 'ro 'n pheann chutach 'na chladhadh.

Bare Words

May little strips of bare words
Heal
The missing
That the body
Feels;

Large intermittent snowflakes fall down to the ground just
　　now
Similar to these feelings
That sprinkle a life,
The depths of the skies and soul
Have secret reasons;

It is the swirling
Of the snow
That leaves confusion,

Wait until
The melting
Comes;

Then let the healing
Waters
Pour.

Faclan Lom

Gun leighis stiallan beaga de dh'fhaclan lom
An ionndrainn
A théid a fhaireachdainn
Anns a' chom;

Tuitidh lòineagan móra eadar-ùineach
Sìos an dràsd' chon na talmhainn
Coltach ris na faireachdainnean a tha seo
A bhios a' bheath' a' spìonadh

Tha reusonan dìomhair
Aig doimhne nan speuran agus an anama

'S e cathadh an t-sneachd'
A dh'fhàgas breisleach
Fuirich gus an tig
A' leaghadh;

An uair sin,
Leig an t-uisge naomh
Dòrtadh.

For Monsignor Ambrose

The sentiments of death poured out
That were found in the shape of the body
That lay there before you

And in that moment
You neared it
With your hands
And your kind touch
As the secrets came out
In whispers;

There you were listening
As the words wove into the internal,
Universal murmur

When a countenance is turned toward the nothingness
That is at the same time everything;

With your concern,
With your love,
With your hope,
With your peace,

And in your own words,
You made a makeshift raft;
Enabling the shapeless soul
To go over to the other side
In its beauty, unblemished.

Do dh'Àrd-Shagart Ambrois

Dhòirt a-mach faireachdainnean a' bhàis
A bha air am faighinn ann an cruth na bothaig'
A bha 'na laigh' air do bheulaibh

Is an treiseig ud
Thàinig thu dlùth dhi
Le do làmhan
Le do bheantainn caoimhneil

Mar a thàinig na rùn-dìomhairean a-mach
'Nan cagairean;

'S ann a' sin a bha thusa 'g éisteachd
Mar a chaidh na faclan 'fhighe a-staigh
Do thorman choitcheann shìorruidh

Nuair a théid aghaidh a chur ris an neonitheachd
A tha cuideachd 'na h-uile rud;

Le do chùram,
Le do ghràdh,
Le do dhòchas,
Le do shìth,

'S nad fhaclan fhéin,
Rinn thu fleodragan-cabair sealach;

A' toirt comas dhan anam gun chruth
A dhol thairis dhan taobh eile
'S a bhòidhchead gun smal.

The Boys

I cannot understand the ways of this world
I am but a vessel

Warm, cold, miserable and beautiful weather sends me
This way and that

One time I am like a heroic captain
On the bowsprit steering proudly to some harbour or other

Another time I am like a scoundrel
Cleaning the deck
To see if I can get clear of the messes I have made

And at others, between the two, with nothing to do
But go with the tide

But when we received word
That you both would be coming to live with us
To share the vessel

God almighty, but didn't the vessel burst completely
And I became God of the Sea.

Na Gillean

Cha téid agam air tuigsinn
Dòighean an t-saoghail seo
Chan ann ach soitheach a th'unnam

Cuiridh an t-side bhlàth is fhuar is mhosach is
Bhòidheach mi chun taoibh seo no chun taoibh sin

Tha uair ann nuair a bhios mi coltach ri caiptean
Air a' bhowsprit 'ga stiùireadh gu pròiseil gu cala air
   choireigin

Uair eile 's ann a bhios mi coltach ri cealgair
'nam chealgaireachd a' glanadh na déile
Fiach am faigh mi cuidhteas am bùrach a rinn mi

Is uair eile eadar an dà chuid, gun seud agam ri
   dhèanadh
Ach a bhith 'falbh leis a' làn

Ach nuair a fhuair sinn fios
Gum biodh an dithist agaibh a' tighinn a dh'fhuireach
   còmhla rinn
A chompàirteachadh an t-soithich

A Dhia fhéin, ach cha mhór nach do spreadh a' soitheach
   gu buileach
Is rinn seo Manannán Mac Lir dhìom.

Obair 's an leth a-staigh
Internal Workings

Agenda-less Table

At the table of loss and reclamation
There is a welcome extended to everyone;

From elites to novices
And every person in between
Who comes for their respective reasons

What's the difference?

The guests may eat and drink a rich harvest of language
 and culture spread out;
foods, poetry, music, customs, belief, dance, stories, songs,
 tales;

That the seekers come is good in and of itself;

If the chosen are compassionate
With the vulnerable learners,

Or the apprentices patient with the learned and their
 righteousness

That is not the business agenda of the table

It remains forever set, open, unassuming –

Harsh ignorance
Cruel, exclusionary behaviours
Unnecessary judgements

Strong negative views
Nor even
Pyschological warfare –

Will change that.

Bòrd gun chlàr

Aig bòrd a' chall, agus an fheobhasachaidh,
Tha fàilt' ann ro 'n a h-uile duine;

Bho dhaoine taghta gu leth-eòlaichean
's gach duine 's a' mheadhan
A thig dh' an cuid reusannan

Dé'n diofar?

Tha buain bheartach de chànan agus chultar a dh'fhaodas
   na h-aoighean 'ithe is 'òl air a' sgaoileadh a-mach:
Biadhan, bàrdachd, ceòl, cleachdaidhean, creideamh,
   danns', naidheachdan, òrain, sgeulachdan;

'S math gun tig na h-iarrtaichean airson siod fhéin;

Ma tha co-fhulangas aig a' cheannas
Ris a' luchd-ionnsachaidh is 'ad so-ghointe;

No foighidinn aig na fòghlamaichean
Leis na h-ollaimh is am fìreantachd

Chan e clàr-gnothaich a' bhùird a tha sin,

Fanaidh e deasaichte, fosgailte, gun a bhith a' gabhail air gu
   bràth –

Aineolas cruaidh
Beusan brùideil a chumas a-mach càch
Breitheanais gun fheum

Chan atharraich –

Na beachdan làidir càinidh sin
no fiù's
Cogadh-inntinne.

Feast Days

Feast Days established
Before memory;

In every faith
In every society;

Via the invisible sieve that mixes
Custom, observance, food, the communion of humanity,

The wine of the festivals ferments across boundaries,

Where the essence of the entity that looked out
And watched and beheld every thing,
That bent knee and head

At the blessed times
That have no time,

In reverent unions of longing,

Was found to be of all the same sacred stuff
Pouring out everywhere.

Làthaichean Féille

Làthaichean féill' a chaidh a stéidheachadh
Ro' àm na cuimhne;

Anns gach creideamh
Anns gach co-chomunn;

Ro'n t-sìolachan do-fhaicsinneach a mheasgaicheas cleach-
dadh, òrdugh, biadh, comain na daonntachd

Bidh fìon nam féisean a' brachadh thar chrìochan;

Far a' robh a' bhrìgh 's a' bhith a choimhead a-mach is a
chunnaic
Gach nì,
A lùb glùn is ceann,

Anns na h-amannan beannaichte
Aig nach eil àm,

Ann an aonaidhean umhal
a' chianalais,

'S ann gu bheil 'ad air am faighinn ás an aon chadadh
naomh,
A' dòrtadh a-mach anns gach àite.

Persistent Memory

The strikes of the hammer of loss bend
The end

Where you hope to pass through

You sit
Looking out over vast spaces of nothing:

Sometimes it's the numbness
Other times the jealousy that grips you,

Who is watching who?

Twirling about
You arrive at the truth of persistent memory.

Leantalachd na cuimhne

Lùbaidh buillean òrd a' challa
An deireadh

Far a bheil thu 'n dùil ri dhol seachad
Nì thu suidhe
A' coimhead air àiteachan mòra de neonitheachd;

Uairean 's e am meileachadh
Is amannan eile 's e an t-eud a ghréimicheas tu,

Có tha 'coimhead air có?

'Nad chuartalan, thig thu mun cuairt
Gu fìrinn leantalach na cuimhne.

Creating out of Restlessness

The basement was swept out
Ready for the guests;

Dirt, bugs and spiders
The general cleaning routine as usual

But in the aftermath
Strands of a spider's web
Were seen
Appearing again;

The invisible spider
That cannot be extinguished;

Even amidst the routing
And the sanitizing and straightening
The essential web of creation weaves
As is its nature;

Emaho! Eureka! Sin agaibh e!

The restlessness of the universal soul
To be in a constant condition of making
There you have a mystery.

Ri chruthachadh ás iomluasgadh

Chaidh a' seilear a sguabadh a-mach
Deiseil airson nan aoighean;

A' smal is biastagan is pocannan-puinnsein,
An glanadh coitcheann mar a
's àbhaist;

Ach 's an iarbhail,
Chaidh 'fhaicinn
Siapan de lìontan
A nochd ás ùr;

Am poca-puinnsein do-fhaicsinneach
Nach urrainn cur ás dha;

'Fiù 's a-measg na ruaige,
Na h-ionnlaid is a' sgioblachaidh
Fighear lìon spairt a' chruthachaidh
Mar is nàduir dhi

Emaho! Eureka! Sin agaibh e!

Iomluasgadh an anama uilich
A bhith ann a' suidheachadh is e ri chruthachadh
gu cunbhalach
Sin agaibh rùn-dìomhair.

Celebrating the Heart

Oh, how your restless heart is loved
In all its fidgeting
Judgement always accompanies
Every moment from its depth

There must be some kind of a doctor
That will provide a balm
To quiet the desire and searching
Of the soul;

Let the heart rejoice
In its state
Whether it is sad or happy
No difference
The heart must beat
As it will.

A' gléidheadh a' chridhe

O, mar a tha an gaol air do chridhe luasganach
'na ùtraiseachd
Théid breitheanas a thoirt daonnan air
Gach gluasad dh'a dhoimhneach

Feumaidh 's gu bheil doctair air choireigin ann
A bheir acainn-leighis
A shéimhicheas miann agus lorg
An anama;

Leigeadh an cridh' aoibhneas a dhèanadh
an cor anns a bheil e
Co-dhiubh am biodh e brònach no àigheach
Chan eil e gu diofar
Feumaidh an cridhe bualadh
Mar a bhuaileas e.

Lingering

The source
Is so far off
It seems, the distance can't be closed;

Between that place
And this loneness
All this lingering;

Chin on hand,
A sigh of hopelessness,
An irony to be posing
And living the real thing;

This is the uncertain,
Shaky, powerless base
From which
Essential greatness
Comes.

A' dèanadh dàil

Tha an tobar
Tuilleadh 's fad' air falbh
Tha e coltach, cha téid aig an astar a theannadh;

Eadar an t-àite sin
Agus an t-uaigneas seo
Na h-uileadh seo a tha 'dèanadh dàil;

Smig air làimh
Osna eu-dòchasachd,
Ìoronas a th'ann
A bhith a' gabhail air
Agus a' faireachdainn an dearbh ruid;

'S e seo mì-chinnt bhunaiteach,
Cugullach, gun chumhachd,
Ás an tig
Brìgh na mórachd.

The Final Marriage

I want nothing,
I want everything,
I am completely alone,
I am in full companionship,
I desire everything,
I desire nothing;
Every feeling,
Every desire,
Every thought,
I have felt for you and for everything
That runs through my mind
I am not these
These are not me;
I am a puny essence of the vast universe,
I am the blowing of the wind in the trees,
I am the lapping of the sea on the silent strand,
I am the rain that falls and cleanses,
I am the muck of rivers and ponds and oceans,
I am every thing that moves, that breathes, that grows, that withers,
I am all this,
And I am nothing in the eternity of the elements.

Am Pòsadh Deireannach

Chan eil sion bhuam
Tha a h-uile sion bhuam
Tha mi buileach 'nam aonar
Tha mi 'nam làn chompanais
'S miann leam na h-uileadh
Cha mhiann leam sion;
Gach faireachdainn,
Gach miann,
Gach smuain,
A dh' fhairich mi ort is air gach rud
A ruitheas troimh m' inntinn
Cha mhì 'ad
Chan iad mi;
Is mise brìgh bheag an domhain mhóir,
Is mise séideadh na gaoithe 's na craobhan,
Is mise imleachadh na mara air tràigh chiùin,
Is mise an t-uisge a thuiteas is a ghlanas,
Is mise eabar nan aibhnichean is lòintean is cuaintean,
Is mise gach rud a ghluaiseas, a ghabhas anail,
a dh' fhàsas, a chrìonaicheas,
Is mise seo uile,
Is cha mhise sion ann am bith-bhuantachd nan dùilean.

People of the Word and Music-Song

You remain present with us through sicknesses, funerals
Loss of love and beloved
Like a cold stillness in the dead heat of winter
In grievous and talkative tales
Told to others
Upon a white shroud

Where the beating away of unsettled spirits
From the houses
On a "New" Year's Eve
Occurs with magical switches

Your step grows light skipping with us
Melting the sombreness
As the darkness goes
And the voice of the birds takes its place
Like the dance of the sun, rising on a special spring day
Blots speech and perspective
With utterances and dreams of what could be

You sing to us in the joy of summer
Where old and young get going with music, song; a bliss in
 their world
Leaving behind
Tomorrow's cares

On late nights and early mornings that last eternally in the
 youthful heart
Your beating emerges from the milling
That gathers us and keeps us close to each other
Through known and unknown verses
With good humoured fun

Then you caress us in the chill of fall
As the crispness comes in step and body
And the fear of the dimness returns
With the opening of the earth

Muinntir an Fhacail is an Òran-Chiùil

Fanaidh tu 'nar làthair còmhla rinn 'ro thinneis, thòrraidhean
Chall ar gaoil, ar gràidhean

Mar fhuachd thosdach theis-meadhan a' gheamhraidh
Ann an sgeulachdan cràidhteach agus cabach
A théid innseadh do chàch
Air anart a' ghilead

Far an téid na spioradan anfhoiseil a bhualadh air falbh
O na taighean
Air Oidhche 'Chullainn'
Le maidean draoidheil

Fàsaidh do cheum aotrom a' sùrdagaich leinn
Leaghadh na gruamachd
Mar a dh'fhalbhas an dorchadas
Is guth nan ian a' gabhail 'àite

Le danns' na gréine 'na h-éirigh air là earraich shònraichte
A chuireas buill dhubh' air cainnt is léirsinn
Ann an labhairt agus bruadaran air gu dé ghabhadh a
    dhèanadh;

Seinnidh tu rinn ann a' sùnnd an t-samhraidh
Far an éirich sean is òg air ceòl, òrain; sonas 'nan saoghal

A' fàgail air an cùl
Cùraim a bhios ann a-màireach

Air oidhcheannan anmoch is madainnean tràth' a mhaireas
    gu sìorraidh ann an cridheachan òga
Thig na builleannan agad a-mach ás a' luadhadh
A chruinnicheas is a chumas sinn dlùth d'a chéile
'ro cheathramhan àitheanta is no-aithnichte
Ann a' spòrs suairce

On Samhainn
Where the freedom of the imagination escapes
In inexplicableness

But now; who are you?
Words alone cannot describe;
The voices of our heritage
Our hidden way
Our collective identity
Always in and about us
Sprouting from our faith, tales, folklore, land, work,
In word and music-song.

'Sin, tàlaidh tu sinn ann an aognaidh an fhoghair
Mar a thig brisgead 's a' cheum is 's a' chorp
Is eagal na doilleireachd a' tilleadh
Le fosgladh na talmhainne
Air an t-samhainn
Far an teich saorsa a' mhacmeanmain
Fo dho-mhìneachaidheachd

Ach a-nist, có thu?
Cha dèanadh faclan a-mhàin an gnothach air;
Guthan ar dualchais
Ar dòigh fhalaichte
Co-chòrdachd ar féin-aithne
An daonnan mun cuairt oirnn is unnainn
A' bòrcadh ás ar creideamh, seanchas, bial-aithris, talamh, obair
Ann a' facal is an òrain-chiùil.

Tha gach rud ùr a-rithist

All is new again

Marketing Nova Scotia

For Jim Meek

You are correct
There were ones who went to look for a "Nova" Scotia
That never was;

Marketing icons
Of Angus L. and others;

That was their time and their lens;

Take a look at the topography
Of this province;

Rivers, brooks, harbours,
Bays, passes, mountains, bogs, banks,
Narrows, shores, hills,
Waterfalls, islands, glens, lakes,
Fields, commons, peninsulas,
Sraths, beaches,

A beautiful, ancient place on which many a foot has trod,
But perennially new – it never was anything other –

With bubbling voices,
Not heard in times past
Now emerging;

Meet the "people" who possess these voices,
Listen to the true tale of their lives
Souls that cling to the features
Of this now "new" place

Experience their collective culture,
Who?
How?

Alba Nuadh 'na Margaideachd

Do Sheumas Meek

Tha thu ceart
Chaidh feadhainn a choimhead airson Albann "Nuaidh"
Nach robh riamh ann;

Ìomhaighean-margaidh
Aonghais L. is càich;

Sin an t-àm is a' sgàthan a bh'aca;

Cuir sùil air cumadh-tìre
Na roinne seo;

Aibhnichean, alltan, acarsaidean,
Bàighean, bealaichean, beanntaichean, boglaichean,
   bruaichean,
Caoiltean, cladaichean, cnocan,
Easan, eileannan, gleanntan, lochan
Pàircean, raointean, rudhannan,
Srathan, tràighean

Àite àlainn aosda air an do choisich iomadh cas,
Ach ùr, maireannach – cha robh i 'riamh 'na rud sam bith
   eile ach sin –
Le guthan a' tormanaich
Nach deach an cluinntinn 's an àm a dh'aom
A-nist a' tighinn am follais;

Coinnich ris an t-"sluagh" aig a bheil na guthan a tha seo,
Éisd ri fhìor-sgeul am beatha,
Na h-anmanna a tha ri bith-beò a shlaodadh à feartan
An àit' ùir seo 'nist;

Rach a' sàs ann an taisbeanadh an cultair choitchinn,
Có iad?
Dé a' bheath' a th'aca?

Why?

And the product and marketing messages
That you seek,
Will be found.

Carson a dh'fhuirgheas 'ad 's an àite far a bheil 'ad?

Agus gheobh thu am bathar is na brathan-margaidh,

A tha thu 'sireadh.

Armies Rolled Over Us

Armies rolled over us, we Gaels

Armies of steel and horse
Armies of choking and smothering legislation,
Armies of muskets, cannon and discipline,
Armies of hatred, misrepresentation and painful, hurtful words

Bent and full of holes
Hardly recognizable
Trying to keep on
Pierced as we were on every side;

And similar to any other living thing
On the face of the earth,
That suffers such a complete flattening,

Above and beyond
Everything else
That was done
Or will be done to us,

We stood;

There's the miracle.

Chaidh fairis oirnn armailtean

Chaidh fairis oirnn 'nar Gàidheil, armailtean;

Armailtean de stàilinn is de dh'eich
Armailtean de reachdan tachdaidh is mùchaidh
Armailtean de chuilbhirean, ghunnachan móra is smachd
Armailtean de dh'fhuath, chlaon-sgeul is fhaclan pianail,
 dòrainneach

Làn tuill is lùbte
'S gann gun téid ar n-aithneachadh
A' fiachainn ri chumail a' dol
Tollte air gach taobh dhinn;

Is coltach ri rud sam bith eil' a tha beò air uachdar an
 t-saoghail,
A dh'fhulaingeas spadadh cho iomlan,

Fad' air thoiseach air
A h-uile sion eile
Chaidh a dhèanadh
No a théid a dhèanadh oirnn;

Sheas sinn;

Sin agaibh;

Am miarailt.

Rearview Mirror

Mi'kmaq camp sites
Abandoned
In fires and middens ...
When native peoples traveled free
Without domineering imperialists
With the animals and the birds –
Etched beside rivers and estuaries;

Dykes of the Acadians similar to
Ripples of the land
When the earth heaved
With the eviction of its quiet, peaceful people;

Slavery and freedom of the African Nova Scotians
That came on promise boats
Whose bound footprints are singed
On the wharfs of our capital;

Foundation ruins of the farms and houses of Gaels
Who were understood as an Anglo underclass
Their language and culture marginalized
Their secrets left in places
Like "the Fairy Hill";

The earth
Is the rearview mirror
That provides Nova Scotia an opportunity
To understand who she is.

Sgàthan-cùil

Làraichean-campa nam Miogma
Air an dìobradh
Ann an teintean is sitigean
Nuair a shiùbhail na tùsanaich gu saorsail
Gun cheannsalachd luchd na h-Impireachd
Leis na beathaichean is na h-eòin
Air an gròbadh ri taobh aibhnichean is inbhirean

Féithean nan Acaidianach coltach ri
Cuartagan na tìre
Nuair a thog an talamh
Le fuadaichean a dhaoine socair, sìtheil

Tràillealachd is saorsa Afraigeanaich na h-Albann Nuaidhe
A thàinig air bàtaichean-geallaidh
Aig a bheil luirgean ceangailt' air an losgadh
Air cidhean an Àrd-Bhail' againn

Tobhtaichean bailtean is taighean nan Gàidheal
A chaidh a thuigsinn mar fho-chlas nan Sasunnach
An cànan is cultur air an cur dhan dala taobh
An rùintean-dìomhair air am fàgail ann an àiteachan
Mar Chnoc an t-Sìthein;

'S anns an talamh
Sgàthan cùil
A bheir Alba Nuadh cothrom
A thuigsinn có i.

Light-houses: For Princess Anne

There are virtual lighthouses
From countries close and far
That lure you
Through a mist of distanced unfamiliarity;

These beacons keep
An eye on a language and culture of a people –
Watchers who saw the straining of their lights
Come face to face with a smothering –

These possessions of Ossian were scattered
Throughout the round world
And the only source
To light the road forward for their minders,
These lanterns of Finn's followers –

The Gaels, a people whose light has been bent
Through centuries of hardship;

The Gaels, who persisted
As the light went
From white to dark
And then to gray;

The Gaels, who extend a hearty welcome to you
As you visit them
Where
Two worlds –
Via two people's representatives
Meet briefly
As one –
Under the rented returning light of light-houses;

Taighean-soluist: Do Bhan-Phrionnsa Anna

Tha taighean-soluist brìgheil ann
O dhùthchannan dlùtha agus céin
A thàlaidheas sibh
'ro cheò aig astar
Gun eòlas ann

Cumaidh na teintean-rabhaidh seo
Aire air cànan is cultar sluaigh –
Luchd-aire – a chunnaic srì an cuid soluist
A theann aghaidh ri aghaidh le mùchadh;

Chaidh na seilbhean seo aig Oisean a sgapadh
Air feadh an t-saoghail chruinne
Is am bun a-mhàin
A lasas a' rathad air adhart dhan luchd-air' aca,
Lanntairean na Féinne a tha seo;

Na Gàidheil, muinntir aig a' robh solust a chaidh a lùbadh
'ro linntean de chruaidh-chàs;

Na Gàidheil, a lean orra mar a chaidh a' solust
Bho gheal is gu dubh
Is an uair sin gu glas;

Na Gàidheil a bheir fàilte chrìdheil dhuibh
Is sibhs' a' dèanadh céilidh
Orra
Far an coinnich gu goirid –
Dà shaoghal
'Ro riochdairean dà phobaill
Mar aonan –
Fo sholust scracte thaighean-soluist air tilleadh

Did you ever imagine
In your wildest dreams
That the lights that you saw so long ago
On those coastlands of the Gaels
Would come back to you –
A Princess of ancient titles –
Like the language and culture of a people
For whom these lights have always shone,
Through the rays of a poem.

An do shaoil sibh a-riamh
Is ur ceann ann am bruadar
Gun tigeadh na soluist a chunnaic sibh o chionn fhad' an
   t-saoghail
Air corsaichean nan Gàidheal air ais 'ugaibh –
Is sibhse 'nur Ban-Phrionnsa nan tiotalan aosda –
Mar chànan agus chultar dhaoine
Air an do shoillsich daonnan na soluist seo,
'Ro ghathan duain.

Chan eil a' saoghal leinn

The World Isn't With Us

Diversity

The black looks on the white,
And the white on the black,
Discerned differences exist
Relatively;

Different speech is uttered and demonstrated
From the one mouth and body;

And through limited judgements
Diversity is thrown back up
On an uneven floor.

Iomadachd

Coimheadaidh an dubh air a' bhàn,
Is am bàn air an dubh
Tha diubhairean air an toirt fosnear ann
Gu coimeasach;

Théid cainntean is dùthchais diùbhrasach a labhairt is a
    thaisbeanadh
Ás an aon bhial is chorp;

Agus 'ro bhreitheanais chruibhichte
Théid iomadachd air a diobhairt
Air ùrlar neo-réidh.

Rage

Where does rage go
When it emerges
From the horrific frightful darkness
Of the loneliness of the cave?

Is it beaten so far down
That it comes out in dismissive, venomous words
Did...?
No!
Who?
I DON'T KNOW!!
Where?
Are??
LEAVE ME ALONE!!!
U...going???

Similar to
A scab
Being continuously
Picked

Where
In the being ignored
And goaded
Will rage appear
At the end of an automatic weapon
Face to face
With a gentle, innocent, defenceless child.

Boile

Càit' an téid boile
Nuair a thig i 'mach
Á dorchadas eagalach uamhasach
Uamha na h-uaigneachd?

An téid a pronnadh cho domhainn
Gun tig i 'mach ann am faclan nimheil
A bhios a' cur air falbh
An d'rinn...?
Cha d'rinn!
Có?
CHAN EIL FHIOS'M!!!
Càit'?
A bheil..??
LEIG LEAM!!!
'u 'dol???

Coltach ri
Sgreabhag a théid a phiocadh
Gun sgur

'S an t-suidheachadh
Far an téid
Cluas bodhar a thoirt dhi
Agus ann am brodadh
nochdaidh a' bhoile

aig ceann ball-airm innleachdaich
aghaidh ri aghaidh gun dìon
le cnapach caomh, neochiontach.

For Rodney King

Word came that you died
Still young
In your prime;

But from the rawness of your life,
I believe that goodness will result
From your story
And your death by drowning;

Where one must contextualize
The violence, abuse and trouble
That peppered your life;

And go
Down below the water with you
To the silence of the middle depths

Where the water will purify us some
And the sun's light will begin to shine through multi-panes
On humanity's dirty laundry
That you helped wash a little clean.

Do Ruairidh Mac a' Rìgh

Thàinig fios gun d'fhuair thu am bàs
Òg fhathast
'nad chorra-ghleus;

Ach ás amhalachd do bheatha,
Creididh mi gun tig mathas
O do stòiridh is
Do bhàs is tu air do bhàthadh

Far am feum neach
An ainneart,
An ana-cainnt is an teanntachd
A nochd air feadh do bheatha
A chur ann an cruth;

Is a dhol
Sìos fo'n uisge leat
Ann a' sàmhchar na doimhneachd meadhanaich

Far am bi an t-uisge 'gar fìor-ghlanadh beagan
Is solust na gréine 'dèarrsadh 'na thoiseach-tòiseachaidh 'ro
   ioma-lòsan

Air aodaich shalach 'ic an duine
A chuidich thu beagan le bhith 'ga nighe.

Hands that are touched

Hands were stretched out
Out of poverty and cancer
To touch the same likeness
On a sidewalk
Outside a café
In the centre of New York someplace;

Indifferent to some degree
Measuring the shape that was before them;

Determining it short,
Like a metaphor of the time of death
That could come soon
To hands, to a body
That money could not save nor
Could the desire of the pair,

That were touched, heal,
Through their own selfish cleaning;.

Làmhan a théid a bheantainn

Chaidh làmhan a shìneadh a-mach,
Á bochdainn is ás aillse,
An ao' choltas a bheantainn
Air slighe-choiseachd
Taobh a-muigh cafaidh
Ann an teis-meadhan Ioirc Nuaidh an àiteigin;

Coma gu ìre
A' toimheasachadh a' chruth' a bha romhpa;

'Ga dhèanadh dheth goirid
Mar shamhla de dh'àm a' bhàis
A dh'fhaodadh tighinn an ceartuair
Do làmhan, do chorp,
Nach sàbhaileadh airgead no
Nach leighiseadh miann a' phaidhir,

A chaidh a bheantainn
'ro an cuid glanadh féineil.

Haiku

I take out and put back
The water pitcher in the fridge

A seemingly troubled man
Shakes his head
Scoldingly;

On the edge,
Of a curb.

Bàrdachd air a gearradh

Bheir mi a-mach is cuiridh mi air ais
Pidseir an uisge 's an fhuaradair

Crathaidh duine is coltas fo chùram air
a cheann
'na throdan;

Air iomall
Cheum-coiseachd.

Na tha do-fhaicsinneach

The Unseen

The Same Dance

it takes an eternity
it seems
until from
the depths
comes
the fundamental awareness

Similar to a great raven
beating
a dispersing
of understanding
from the tips
of its wings;

That can't be told;

That can't be seen;

Swaying within;

Similar to a Sufi
Going round a post
Incanting
Revelations,

Or a person
Entranced
Listening to
The hymns of
Hildegarde Von Bingen,

All the same dance.

An t-aon dannsa

Gabhaidh e sìorraidheachd
Tha e coltach
Gus an tig
Ás an doimhneachd
A' fiosrachadh bunaiteach

Coltach ri fitheach mór
A' puinneachadh
Sgaoilidh de thuigse
O bhàrr a sgiathan;

Nach gabhadh 'aithris;

Nach gabhadh 'fhaicinn;

An turraban ann
Coltach ri Suphach
A' dol mun cuairt
Post ag innseadh
Taisbeanaidh,

No duin'
Air a chuir fo gheasaibh
Ag éisdeachd
Ri laoidhean a rinn
Hildegarde á Bingen,

An t-aon dannsa gu h-iomlan.

Holiday

The sounds of iPhones cease,
Ears wait to listen;

The computer screens go black,
And televisions are turned off;

People near to each other,
The earth and heavens meet

And the silence of the darkness
That echoes between stars
Appears in the love room of your heart

And it will be known what an amazing glorious day it is,
Without naming it.

Là Naomh

Stadaidh fuaimean nan iFònaichean,
Feithidh cluasan airson èisdeachd,

Théid sgàilean nan coimpiutairean dubh,
Is cuirear telebhiseannan dheth,

Thig daoine dlùth d'a chéile,
Coinnichidh talamh agus speur

Is nochdaidh ciùineas an dorchadais
A nì mactalla eadar na reultan
Ann a' seòmar gaol do chridhe

Bithear fios gur e là air leth, greadhnach a th'ann
Gun a bhith 'ga ainmeachadh.

One Face

All that was lost
It is floating about over yonder
The embryonic sack
In which there are two
Distinct shapes
Intertwined

The time inches by
Similar to the waiting for Popo's eruption*
While the two faces become one
Through the scrubbing
Clean
Of limiting thoughts and feeling.

*A dormant volcano located outside Mexico City.

Aon aodann

Na chaidh air chall
Tha e 'flodradh mun cuairt thall
Poca an t-sutha
Anns a bheil dithist
Chruthan sònraicht'
'nan suaineadh

Théid an t-àm seachad gu fìor shlaodach
Coltach ri feitheamh air spreadhadh Popo*
Thig an dà aodann dhan aon
'Ro fhìor-shruthladh
Nan smuaintean is nam faireachdainnean
Le crìch mun cuairt orr.

*Beinn theine a tha 'na cadal r'a faighinn a-mach á Baile Mhór Mheagsago.

Our Greatness

When the thoughts that limit us come,
Investigate who is speaking?
Pride, hatred, fear?;
Some other thing?

We are greater in our souls
Than anything that limits us,
When we stretch ourselves beyond our unbending, hard,
    fixed thoughts,
Through the pain of this birth,
We reach no place, that has no agenda,
Love is the name of this place,
Where our greatness grows through unwilled care.

Ar Mórachd

Nuair a thig na smuaintean a chuireas sinn fo chrìch
Ceasnaichibh có tha 'bruidhinn?
A' mhórchuis, a' ghràin, an t-eagal?;
Rud air choireigin eile?

Tha sinne nas motha 'nar n-anmanna
Na sion a chuireas sinn fo chrìch
Nuair a shìneas sinn thar nam beachdan cruaidhe, dainge-
   ann, 'nan neo-lùbadh,
'ro phéin na breith' a tha seo,
Ruigidh sinn àite na neonitheachd, aig nach eil clàr àraid,
'S e gaol an t-ainm a th'air an àite seo
Far a' fàs ar mórachd 'ro chùram gun toil.

Massive Flesh Wall

There's so much beauty
In this place
Beyond longing and desire

Where the limits
In the three pound
Mass
Are broken down
Through osmosis;

On the other side
Of the massive flesh wall of thoughts
And feelings
There are infinitesimal possibilities.

Balla Mór Feòla

Tha bòidhchead cho mór
's an àite seo
Seachad air fadachd is iarraidh

Far a bheil na crìochan
A bh'anns a' mheall
Is e trì phunndaichean
De thruime
Air am bristeadh sìos
'ro cho-choslachadh;

Air taobh eile
Balla mór feòla nan smuaintean
Is nam faireachdainnean
Tha comasan neonitheach;.

Walls

The great walls of thoughts and feelings
are known
since they have been scaled;

similar to the ones at Constantinople,
in Rome,
or on the European coast in the Second World War
that lasted and didn't...

like battlements
that keep perspective back
that preserve everything where it is
stuck in pain, loss and confusion;

when the pilgrimage was begun
it was thought
it would be easy
to scale these walls
and put them in the past;

but holy good God all that was felt
were stakes and arrows
from the archers
that fire on you
from the complex thinking, feeling mind
of restlessness.

Ballachan

Tha ballachan móra de smuaintean is fhaireachdainnean
Air a bheil fhios
A chionn 's gun deach an streapadh;

Coltach ris an fheadhainn ann an Constantinople,
   's a' Ròimhidh,
Ri taobh còrsa na Roinn-Eòrpa 's an darna cogadh
A mhair is nach do mhair;

Mar chaisealachdan
A chumas sealladh air ais
A ghléidheas a h-uile rud far a bheil e
Sàste ann am pian, an call, ann an suidheachadh
   troimh-chéile

Nuair a chaidh an taisgealachd a thòiseachadh
Bha e air smaoineachadh
Gum biodh e furasda
Na ballachan seo a streapadh
Is an cur air cùl

Ach, a Dhia cha deach faireachadh
ach cipeanan is saighdean
o na boghadairean
a bhiodh a' losgadh ort
ás inntinn ioma fhillte 'na smaoineachadh,
'na fhaireachadh
an iomluasganaidh.

Bigger Space

After all the pain and hurt
A breath was taken
While remembering you;

And it was noticed
That there was a bigger space
In the heart that was smaller
When you were remembered
Earlier.

Àite nas motha

Ás deaghaidh a' chroin
Is phéin uile
Chaidh anail a ghabhail
A' cuimhneachadh ort

Is thugadh an aire
Gu robh àite na bu mhoth' anns
A' chridhe a bha na bu lugha
Nuair a chaidh do chuimhneachadh
Na bu tràithe.

Eagal: Am biadh Easbhuidheach
Fear: The Dysfunctional Food

A Perpetual Halloween

Huge, powerful muscles
that's the thing
that puts to flight
feelings
of inadequacy
exacerbated
by the hands
of bullies;

The anger that appears
In religious arguments
Where one
Must be right
Is found in the resulting damage
Left in the hell
Of the wake
Of righteousness;

Silence and coldness
Are the caressers
Of
Unrequited
Love
Where control stands
In a pool
Of frozenness;

A deceitful smile
Is used
In mind games
Of power
That keeps
One guessing
Of the value
Of their contributions;

Oidhche Shamhna Bhith-bhuan

Feithean mòra neartmhor,
Sin a' rud
A chuireas an ruaig air
Faireachdainnean
Gun fheum
Air am feargachadh
le làmhan
luchd a' mhaoidhidh;

An fhearg a nochdas
Ann an argamaidean-creidimh
Far a' feum neach
A bhith ceart
Ri 'faighinn ann an cron a tha 'na thoradh
Air 'fhàgail ann an Ifrinn
Rotal
Na fireantachd;

Tosd agus fuachd
'Nan luchd-tàlaidh
Do ghaol
Neo-dhìolta
Far a' seas smachd
Ann an lùb
A' reòthaidh;

Gàire chealgach
Air a cur gu feum
Ann an geamaichean-inntinne
A' chumhachd
A chumas neach
A' tomhas
Air luach
An tabhartais;

Fear of death
And oblivion
Keeps Halloween
Alive
Everyday of our lives.

Cumaidh eagal a' bhàis
Agus na seach-mhallachd
An t-Samhainn
Beò
Gach là dh'ar beatha.

Fear

Fear exists
Inside
The cave of secrets
Where the cave is unrecognizable
Without cave folk there;

Just as the cave is unrecognizable
Without folk
Folk are not recognizable
Without an individual;

Fear dwells
In the reflection
Of the one
In the other.

Eagal

Tha eagal ann
Taobh a-staigh
Uamh nan rùintean-dìomhair
Far nach téid an uamh 'aithneachadh
Gun luchd na h-uaimh' ann;

Direach mar nach rachadh an uamh 'aithneachadh
Gun daoine
Cha rachadh daoine 'aithneachadh
Gun neach;

Tha an t-eagal a' còmhnaidh
Ann a' sgàile an neach
An neach eile.

My Insignificant Oblivion

I stretched across boundaries
Spoiling for battle against your belief
Thinking how silly it was
To be at meaning making
From inexplicableness;

And all the while that I was busy with this perspective
It occurred to me
That my flank was wide open
And who was waiting for me there in the van
But the horrific fear of my own insignificant oblivion.

Neoinitheachd mo Sheach-Mhallachd

Shìn mi fhìn a-mach thar nan crìochan
A' sireadh sabaid an aghaidh a' chreidimh agad fhéin
A' smaoineachadh cho faoin 's a tha e
A bhith ri céill a dhèanadh
Ás an do-mhìneachaidheachd;

Is fhad 's a bha mi 'cumail a' dol leis an t-sealladh a tha seo
Bhuail e 'staigh orm
Gu robh mo thaobh 'na shraointe fosgailte,
Is có bha 'feitheamh rium 's an t-sreath aghaidh
Ach eagal oillteil neonitheachd mo sheach-mhallachd fhìn.

The Depth's Call

The profound darkness calls to you,
As the world creaks in sleep
Under the heavy frost of the winter's morn;

The cold strikes you stunned
With the opening of the insulated door

Isn't it a miracle
How, like the
Forge's vice,
The chill
Grips you?

The day awaits
The shining of the sun
As it pokes a bright ray
Out
Landing
Purposefully
On chimney steel;

From the depth, a voice comes
Inciting you,

Awake, awake, awake.

Éibh a' Ghrunnd

Éighibh an dubh dorcha ort
Fhad 's a tha a' saoghal 'na sgread, 'na chadal
Fo reòthadh trom madainn a' gheamhraidh

Buailidh a' fuachd thu 'gad chur 'nad thuaineal,
Le fosgladh doruist 'na sheasg

Nach e miarailt a th'ann
Mar a ghlacas
An aognaidheachd
Ort
Coltach ri greimire
Na cèardaich;

Tha fiughar aig a' là
Ri dèarrsadh na gréine
Mar a bhrodas i gath soilleir
A dh'aona ghnothach
A-mach air stàilinn simileir;

Ás a' ghrunnd, thig guth
'Gad bhrosnachadh,

Dùisg, dùisg, dùisg.

An t-anam:
Combaist ann an dorchadas agus solust

The Soul:
A Compass in darkness and light

Soul Storms

There are soul storms
That rage
In the invisibleness;

Confusion,
Discomfort,
Uncertainty,
Fear,
Paralysis;

The aftermath that is left
On the shores of the spirit;

And so often
Answers are sought
As to why they happen;
But like
The victim
In the hurricane
If a person hangs on

Clarity
Comes
In the calming.

Stoirmean anama

Tha stoirmean anama
Air an cuthach
Anns an neo-fhaicsinneachd;

Breisleach,
An-shocair,
Mì-chinnt,
Eagal,
Dìth-lùiths
Crith-ghalar

An iarbhail a théid 'fhàgail
Air cladaichean a' spioraid

Is cho tric
Théid freagairtean a lorg
Air carson a thachras 'ad;

Ach coltach ris
An ìobairt
's an doininn
Ma dh'fhanas
Duine

thig
soilleireachd
's an t-séimheachadh.

Soul Friends

Come with your shame and pain and loss
To Jesus in Capernaum
And he will place your gentle hands upon you
As did the unclean man with his own;

There, in Kushinagar
Buddha will wait for you
Under a tree
Sit beside him
In the restless silence
Where you will receive a little more healing

When Muhammad bends down
Worshipping your soul at Mecca
The door to Allah
Will open for you;

With touch,
Silence,
And reverence
Your fetters
Will be softened
With smoother edges,

The settled soul
And peace are equals

Thoughts no longer
Cause pain;

There are no prickly points
In peace.

Caraidean-anama

Thig's tu fo nàire', le do chràdh is chall
Gu Iosa ann an Capernaum
Is cuiridh e do làmhan caomh ort
Mar a rinn
An duine neo-ghlan leis an fheadhainn aige-se;

A' sin, ann an Kushinagar
Bidh Buddha 'feitheamh ort
Fo chraoibh
Dèan suidhe r' a thaobh
Is 's an t-sàmhachas luasganach
Gheobh thu beagan leighis a bharrachd

Far a nì Muhammad cromadh
A' toirt adhradh dha d'anam ann am Mecca
Fosglaidh an dorust
A dh'Allah dhut;

Le bhith a' beantainn,
Ann an tosd
Is ùmhlachd
Théid na bannan agad
Am bogadh
Le iomallan nas buige

Is co-ionnan an t-anam air a shocrachadh
is sìth

Cha téid aig smuaintean
Cron a dhèanadh tuilleadh,

Chan eil comharraidhean biorach
Ann an sìth.

Soul Connection

Though you are a female Shams,
A connection cannot be made with you
In your beauty, in your gentleness,
In your powerful presence;

Something that isn't there cannot be planted
In a place
Where this garden will grow
According only to the seeing of the one in the other;

Fear of the depths
Grips hearts and lips.

Ceangal an Anama

Ged is e ban-shams a th'unnad
Cha téid aig ceangal a dhèanadh riut
'nad bhòidhchead, 'nad chaoimhneas
'nad làthaireachd neartmhór;

Cha téid aig rud nach eil ann a chur
Ann an àite
Far a' fàs an gàradh seo
A-réir a bhith a' faicinn an aonain 's an éil' a-mhàin;

'S e eagal na doimhneachd
A ghreimicheas air cridheachan is bilean.

Heaven on Earth

While I age
I wonder why
I cry
so easily –

Why that lump
That jumps
Up into my throat each time..?

I remember;
my granduncle
and the life he lived –
the personality of the English speaking gentleman
for the outside world
and another personality that was true Gael in language and ways
for the internal one;

My mentally challenged sister
receiving care from my compassionate selfless parents that
    bath her and help her walk
and provide for her every care;

My own son so distraught when he almost got lost
in a zoo and the rescuing embrace that ensued;

And the eternal essence which cannot be
described in words
showed me that
these weren't tears of sorrow at all
but a window in on moments of true reality
crying out
a heaven
on earth.

Flaitheanas air Talamh

Fhad 's a dh'aoiseas mi,
Meomhraichidh mi
Air carson a bhios mi 'caoineadh
cho furasda –
Carson am meall ud a leumas suas
'nam sgòrnan gach triop..?

Nuair a chuimhnicheas mi
Air bràthair mo sheanmhar
Is a' bheatha a bh'aige –
Pearsantachd an duine-gasd' aig a' robh a' Bheurla
   airson saoghal an taobh a-muigh
agus pearsantachd eile a bha 'na fhìor Ghàidheal ann an
   cànan agus modh
airson an fhir air an taobh a-staigh;

is air mo phiuthar a tha 'na bacadh-inntinneil
is a'frithealadh le mo phàrantan co-thruacanta, neo fhéineil
   a bhios 'ga failceadh is
'ga cuideachadh a bhith a' coiseachd
is gach cùram a bheir 'ad dhi;

is air mo mhac fhéin a bha cho airceasach
nuair cha mhór nach deach a chall
ann a' suth' agus an teannachadh-saoraidh a lean;

agus sheall a' bhrìgh shìorruidh sin nach gabhadh tuairsgeul
   ann am faclan dhomh
nach e deòirean bròin a bha ann idir
ach uinneag a-staigh do fhìor fhìorachas dealbhaichte
a' bristeadh a-mach a' caoineadh
flaitheanais
air talamh.

Sediment

Stand against the river,

Fight until you swim
To the dead centre of the flood;

Feel how it pounds and grinds you

Down;

One way or the other,
To be sediment,
Is your destiny.

Grùid

Seas an aghaidh sruth na h-aibhne,

Dèan strì gus a' snàmh thu,
Gu teas meadhan na dìle;

Fairich mar a phronnaicheas i thu, 'gad bhleith

Sìos;

Rathad ann no ás,
A bhith 'nad ghrùid,
Sin agad do dhàn.

A Placename Sign

A placename sign was read
That reminded
Of a profound love,

Full of desire and expectation,
Pointing the way to feelings and wants
From the eternally eager well;

And then,
An image of a difficult, painful passageway;

On one end, a spirit that drifts
In illusory reality

On the other,
The effervescent base, home,

That permits
A purifying
In the drawing,

Resulting in
A polished love.

Sanas Ainm-àite

Chaidh sanas ainm-àit' a leughadh
A chuir gaol ro mhór
Ann an cuimhne
Làn fadachd, fiughair;

A' comharrachadh na slighe do
Fhaireachdainnean, mhiannan
O thobar a tha gu sìorruidh dian;

Is an uair sin,
Ìomhaigh thrannsa chruaidh, phianail;

Air aon cheann, spiorad a dh'fhalbhas le gaoith
'S an fhìorachas ma 's fhìor

Air cheann eile
Am bunait bruichneach, an dachaidh;

A leigeas sgùrach
'ro astar
Na tàirgne,

Is gaol air a lìomhadh
An toradh.

A Unique Cup

I stretched out my hand
For you

Rounded
Coloured

Hidden
Behind spheres

Every morning
I search for you
Raising you
Gently
And placing you on the table
Studying
One more time
The image
That surrounds you

Similar to a Monet picture
On a cloudy day

Part earth
Part heart, part darkness
A part taken away,
A part given,
And everything else
That is evident in the in between

I lift the kettle
And I pour the hot boiled liquid
In to you;

And however incredibly hot it is,
You will not break.

Cupa air leth

Shìn mi 'mach mo làmh
Dhut

Cruinn
Dathte
Am falach
Air cùl chruinnean

A h-uile madainn
Théid mi 'gad lorg
'gad thogail
Gu socair
Is 'gad chur air a' bhòrd
A' studaigeadh
Triop eil'
Air an ìomhaigh
A tha 'cuairteachadh ort

Coltach ri dealbh Mhonet
Air là nialach

Pàirt talmhainne,
Pàirt cridhe, pàirt dorchadais
Pàirt air a toirt bhuaithe,
Pàirt air a toirt dhà,
Is a h-uile sion eile
A nochdas eadarra

Togaidh mi an coire
Is dòirtidh mi a stuth teth air a ghoil
'Nad bhroinn,

'S ge bi cho teth 's a bhitheas e,
Cha téid do sgàineadh.

Mu'n Ùghdar

'S e sgrìobhadair, bàrd, seinneadair, fear-ciùil agus fear-teagaisg a th'ann an Lodaidh MacFhionghain a tha 'g obair ann a' leasachadh na Gàidhlig an Albainn Nuaidh.

Tha esan a' creidsinn nuair a chompàirteachas no a dh'ath-bhuannaicheas daoine an cuid cànain agus dearbh-aithne cultarach ann an dòighean fallain is matha, leudaichidh seo bòsd dhaoine agus an ceangal ris an àit' ás a bheil 'ad, a' cumhdachadh fheadhna agus dhaoine a bhith a' fuireach 's na coimhearsnachdan aca fhéin gus an leasachadh.

Air a bhreith ann an Baile Inbhirnis, Ceap Breatainn is air a thogail ann a' Siorramachd Antaiginis air tìr mór na h-Albann Nuaidhe. Tha Lodaidh a' fuireach le a theaghlach ann a' Sackville Mheadhanaich, teann air Baile Haileafaics, Alba Nuadh.

About the Author

Lewis MacKinnon is a writer, poet, singer, musician and teacher who works in Gaelic development in Nova Scotia.

He believes that when a people share and/or reclaim their language and cultural identity in healthy, positive ways, pride of people and connection to place increases, empowering individuals and people to stay in and improve their communities.

Born in Inverness, Cape Breton and raised in Antigonish County on the Nova Scotia mainland, Lewis lives with his family in Middle Sackville, near Halifax, Nova Scotia.

Tiotalan eile le Lodaidh MacFhionghain:

Famhair is Dàin Ghàidhlig Eile (2008)
Feodragan-cabair (2012)

Clàran-ciùil:
A' Seo (2008)
Making More of It (2010)

Additional titles by Lewis MacKinnon:

Giant and Other Gaelic Poems (2008)
Raft (2012)

CDs:
Here (2006)
Making More of It (2010)

Airson tuilleadh fhiosrachaidh 'fhaighinn a thaobh sgrìobhaidhean, ceòl is obair Lodaidh 'ic Fhionghain dèan céilidh air

www.lewismackinnon.com
www.facebook.com/LodaidhMacFhionghain

MacFhionghain

To obtain more information on Lewis MacKinnon's writings, music and work, please visit

www.lewismackinnon.com
www.facebook.com/LodaidhMacFhionghain

MacKinnon

www.ingramcontent.com/pod-product-compliance
Lightning Source LLC
LaVergne TN
LVHW041338080426
835512LV00006B/523